MISTAGOG

El papel del laicado

"Cuando yo sea grande, quiero ser como los discípulos, ir a lugares que no conozco y hablar a la gente sobre Jesús", anunció Lisa.

"A eso se le llama ser un **misionero** o **misionera**", dijo la señora Evans. "Pero para servir a Dios no tienes que esperar a ser grande. Puedes comenzar ahora mismo".

"¿De verdad?" Tomás no parecía estar muy seguro. "Todavía somos chicos. ¿Qué podemos hacer nosotros por la Iglesia?"

NIÑOS

CIC 864, 897–913, 940–43, 1546–47, 2442

Menciona al menos dos cosas que puedas hacer desde ahora para ayudar a la Iglesia.

___

___

___

Dios te está llamando

No tienes por qué esperar a ser mayor para comenzar a contribuir a la obra de Dios. Todos los miembros de la Iglesia tienen algo que ofrecer. ¡No importa la edad que tengan!

Algunas personas, como los sacerdote y diáconos, dedican sus vidas a Dios en una forma especial, pero no hay que estar ordenado para participar en la obra de Dios. Las personas que no están ordenadas reciben el nombre **de laicos**. En estos momentos, tú eres un laico —y estás llamado a participar en la obra de Dios.

En tu hogar, hay cosas en las que ayudas a tus padres y hermanos. El ser parte de una familia significa compartir con sus miembros amor, ayuda y trabajo. Como parte de la familia de la Iglesia, tú tienes tareas especiales que realizar por ella y por Dios. Uno participa en la obra de Dios cada vez que alaba a Dios, ama a los demás como Dios nos ama y transmites a otros lo que conoces sobre el amor y la capacidad de perdón de Dios.

Cómo puedes servir

Tú puedes servir a Dios rezando en la Iglesia y aprendiendo todo lo que puedas sobre Jesús. ¡Así que durante todo el tiempo que has dedicado a este proceso de iniciación has estado sirviendo a Dios!

Pero también puedes servir a Dios fuera del templo, en tu vida diaria. Puedes servir a Dios cuando estás en la escuela, en tu hogar, practicando deportes o con tus amigos. Lo cierto es que ¡puedes encontrar la forma de servir a Dios en cualquier cosa que hagas!

En casa

Hay muchas posibilidades de ayudar a Dios en tu casa, con tu familia. Puedes comenzar por demostrarles que les amas, aun en los casos en que ello resulte difícil.

¿Tienes un hermano o hermana menor que necesite tener con quien jugar? Piensa en algún juego divertido con el que puedas poner una sonrisa en la carita de tu hermanita o hermanito.

¿Qué aspecto tiene tu habitación? ¿Es un desorden total? ¿Tiene tu mamá que estar recordándote constantemente que tienes que limpiarlo?

¿A quién le toca fregar los platos esta noche? Cuando terminen de cenar, ofrécete para hacerlo sin que te lo pidan (aunque hoy le toque a otro el turno del fregado de los platos).

Enumera tres cosas que puedas hacer en casa para servir a Dios.

___

___

___

En la escuela

Puede que algunos de los niños de tu aula no sepan absolutamente nada sobre Dios, pero sí saben lo que es sentirse amado y ayudado. Dios quiere que tratemos a todos con amor y que los ayudemos cuando necesiten ayuda. Esa es una manera de servir a Dios en la escuela.

¿Hay algún nuevo alumno en la clase? Tú puedes ayudarlo a que conozca a todo el mundo. Puedes mostrarle la escuela. Puedes tratarlo como amigo a la hora del recreo.

Nuestra fe es un proceso permanente

Lisa, Tomás, Terrence y Tanya salieron con la señora Evans y sus espónsores a celebrar su incorporación a la Iglesia.

"Esto es formidable", sonrió Tomás. "Siento que todos nosotros somos parte de algo".

"¡Sííí!" añadió Lisa. "¡De algo bien grande! De algo de lo que seremos parte para siempre".

CIC 160, 545, 981, 1427–29

¿Cómo te sientes después de haberte convertido en miembro de la Iglesia?

Juntos de jornada en jornada

¡Bienvenido a la familia!

Has aprendido mucho acerca de Dios y la Iglesia. Celebraste su "cumpleaños" en la familia de Dios. Recibiste los sacramentos de la Penitencia y la Eucaristía. Compartiste tu entusiasmo con todos los de la Iglesia. Ellos compartieron su amor y su gozo contigo.

¡Pero tu jornada de fe no ha concluido! Todos tus hermanos y hermanas de la Iglesia están dispuestos a ayudarte a hacerte cada vez más cercano a Dios. Ustedes aprenderán, rezarán y se divertirán juntos. Harán muchas cosas por la Iglesia y la Iglesia hará muchas cosas por ustedes. Igual que en cualquier otra familia.

Un momento para hacer memoria

¿Recuerdas cómo te sentiste cuando comenzaste a asistir al RICA? Tenías mucho por aprender y hacer. Tiene que dado un poco de miedo. ¡Pero lo lograste!

Pon una "S" junto a las oraciones con las cuales coincides. Pon una "N" junto a las oraciones que no son ciertas en tu caso.

______ Me siento entusiasmado cada vez que asisto a misa.

______ Yo nunca me aburro durante la misa.

______ Me siento un poquito solo porque todavía no conozco a mucha gente.

______ La gente de la iglesia siempre se alegra al verme.

______ No me siento para nada diferente a como era cuando comencé en el RICA.

______ Estoy listo para trabajar con y para mi familia de la Iglesia.

______ Todavía hay muchas cosas que no comprendo.

Escoge una de esas oraciones y escribe una o dos oraciones explicando por qué coincides o no con lo que se dice en ella(s).

____

____

____

____

____

____

____

Los dones espirituales

"El Espíritu Santo dio a los seguidores de Jesús un poder especial para que salieran y hablaran a los demás sobre Jesús. ¿Por qué tenemos que hacerlo nosotros sin ayuda?" preguntó Taya con el aspecto de estar preocupada.

"En realidad, no es así la situación de ustedes", dijo la señora Evans para tranquilizarla. "Cuando ustedes fueron bautizados y confirmados, el Espíritu Santo les dio también a ustedes dones especiales. No fue en una forma tan dramática como aquella de una llama descendida del cielo y posada sobre las cabezas de ustedes, pero, así y todo, ustedes recibieron los siete dones del Espíritu Santo: sabiduría, ciencia, sanación, poder de obrar milagros, profecía, discernimiento, y don de lenguas e interpretación".

CIC 797–810, 2690

Los dones del Espíritu Santo

El Espíritu Santo da diferentes dones a las diferentes personas. En 1 Corintios, san Pablo menciona muchos de esos dones espirituales. Al estudiarlos, tata de descubrir cuáles dones has recibido tú.

SABIDURÍA

La sabiduría nos ayuda a ver la obra de Dios en el mundo. Podemos crecer en sabiduría al estudiar sobre Dios y buscar a Dios en todo lo que hacemos. Actuamos con sabiduría cuando escuchamos a otros y ayudamos a nuestros amigos a hacer buenas elecciones.

¿A quién conoces que posea el don de la sabiduría? ¿Qué es lo que lo hace o la hace una persona sabia?

¿Cómo puedes tú actuar con sabiduría?

CIENCIA

La ciencia nos ayuda a comprender cómo actúa Dios en el mundo. Todos nosotros poseemos ciencia, pero no siempre con relación a las mismas cosas. Podemos crecer en conocimiento si estudiamos duro en la escuela o practicamos un deporte o aprendemos a tocar un instrumento. Actuamos con ciencia cuando compartimos con otros lo que sabemos.

¿A quién conoces que tenga el don de ciencia? ¿Qué es lo que lo hace o la hace una persona entendida?

¿Cómo puedes actuar utilizando el don de ciencia?

FE

La fe nos permite creer en Dios y en la forma en que él obra en el mundo. Podemos crecer en la fe si conocemos más sobre Dios a través de las Escrituras y la Iglesia. Actuamos con fe cuando depositamos nuestra confianza en Dios y cuando compartimos con otras personas lo que sabemos sobre Dios y todo lo que amamos en él.

¿A quién conoces que posea el don de fe? ¿Qué es lo que hace de él o de ella una persona de fe?

¿Cómo puedes actuar de forma que corresponda al don de fe?

SANACIÓN

Sanar significa saber cómo hacer que alguien se sienta mejor. Esto puede significar curarlo físicamente. También puede significar sanar el espíritu de alguien o darle ánimo. Crecemos en el don de sanación si nos tomamos más tiempo en escuchar a las personas cuando están atravesando por una situación dolorosa. Actuamos conforme al don de sanación cuando llevamos alegría a quien está triste o visitamos a alguien que está enfermo.

¿A quién conoces que tenga el don de sanación? ¿Cómo sana esa persona a otros?

¿Cómo puedes tú, con tus acciones, llevar la sanación a otros?

Decisiones difíciles

Tomás no sabía qué hacer. Él le había prometido a su abue que lo visitaría y trabajaría en su tienda después de clases. El problema era que, a la salida de la escuela, uno de sus amigos le había pedido que fuera a jugar soccer con ellos.

"¡Pero Tomás!" dijo su amigo con tono lastimero. "Te necesitamos en el equipo. Sin ti, vamos a perder. ¡Tienes que jugar!"

Tomás sabía que le había hecho una promesa a su abue, pero sus amigos también lo necesitaban. Tomás no quería romper la promesa que le había hecho a su abuelito, pero tampoco quería quedar mal con sus amigos.

CIC 407, 800, 1776–94

¿Qué le recomendaría a Tomás que hiciera? ¿Por qué?

¿Cómo tomas tú tus decisiones en casos en que resulta difícil hacerlo?

Decisiones complicadas

No es siempre fácil tomar una decisión. A la acción de escoger entre una cosa y otra se le llama **discernimiento**. Discernir significa "escoger el camino correcto". San Ignacio de Loyola creó un sistema que, en pocos pasos, ayuda a tomar las decisiones correctas. Según vayas estudiando cada uno de los pasos, piensa en qué debe decidir Tomás o piensa en una decisión que tú tienes que hacer.

Primer paso

Formula tu problema de forma clara y pide a Dios que te ayude.

Es preciso que, antes de tomar una decisión, pienses bien cuál es la situación sobre la cual tienes que decidir. Piensa en lo que está sucediendo. Entonces formula claramente qué tratas de decidir. Lo puedes expresar en voz alta o escribirlo. Una vez que hayas hecho eso, ruega a Dios que te guíe cuando estés decidiendo cómo actuar. Dios te guiará en cada uno de tus pasos.

Escribe a continuación cuál es tu problema.
Di entonces una corta oración en la que ofrezcas tu problema a Dios.

____

____

____

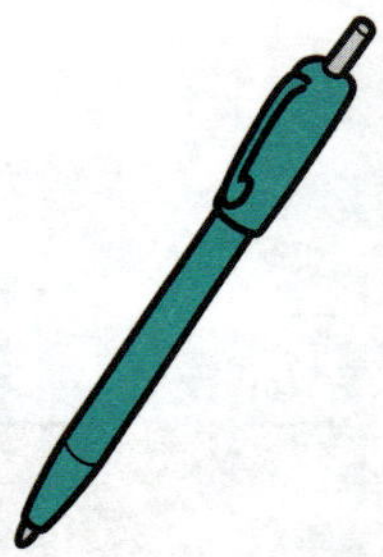

Segundo paso

Formula los pros y los contras de cada decisión.

Prepara una lista para cada una de las decisiones posibles. Piensa en los efectos que cada una de ellas tendrá en tu vida. Reconoce lo bueno (los pros) que cada decisión puede tener como resultado. Piensa en los problemas (los contras) que pueden surgir. Puede que también quieras hablar de ello con alguien en quien confíes y no esté involucrado en la cuestión. Quizás él o ella pueda darse cuenta de algunos aspectos de esa decisión que tú no hayas notado.

Anota los pros y los contras de cada decisión.

PROS	CONTRAS

El llamado a la santidad

Tomás y sus amigos iban a ir a jugar futbol después de clases. Cada equipo escogería ahora a sus integrantes. A Tomás lo escogieron enseguida. Al último que escogieror fue a Terrence. Al parecer siempre era así: a Terrence lo dejaban para el final.

"Me parece que hoy no voy a jugar", le dijo Terrence a Tomás al día siguiente en la escuela.

"¿Por qué no vamos para mi casa para jugar juntos? ¡Para mí no sería lo mismo jugar sin mi mejor amigo!" dijo Tomás con una sonrisa.

Muy sonriente, Terrence le dijo "¡Fantástico!"

¿Qué ejemplo de vida santa está dando Tomás?

En busca del tesoro escondido

Hoy vamos a buscar un tesoro escondido, pero ese tesoro no es de oro. El tesoro escondido de hoy es la santidad. ¡El tipo de santidad que podemos encontrar y compartir todos los días!

¿Qué crees tú que es la santidad?

Menciona a las tres personas más santas que conozcas. Después, explica en dos o tres oraciones por qué consideras que son santas y deja, por el momento, vacío el número 4.

1. ______________________________

2. ______________________________

3. ______________________________

4. ______________________________

HAGAMOS EL MAPA DEL TESORO DE LA SANTIDAD

PRIMERA PARADA: tu iglesia

Tu primera parada en el recorrido en busca de la santidad está en la iglesia. Cada vez que vas a misa, aprendes a alabar a Dios y amar a tus amigos y prójimos. Entonas cantos acerca de la bondad de Dios. Escuchas historias acerca de Dios y el pueblo de Dios.

Lo mejor de todo es que recibes a Jesús en tu corazón durante la comunión. ¡Jesús es el mejor guía que puedes tener en tu busca de la santidad!

¿Recuerdas los dos mandamientos que Jesús nos dio? El primer mandamiento es *"Amarás al Señor, tu Dios, con todo tu corazón, con toda tu alma y con toda tu mente"* (Mateo 22:37). Al rezar con amigos y familiares, vas aprendiendo el secreto del verdadero amor a Dios.

¿Cómo más puedes hallar la santidad en la iglesia?

Vivir las virtudes

"Yo pensé", le dijo Tanya a Lisa, "que sería muy fácil vivir como Jesús. Ya recibimos los sacramentos y ahora somos parte de la Iglesia pero todavía hablo mal de otra niña de mi clase. Después siempre me siento mal por haberlo hecho. Yo no quiero decir cosas malas de nadie pero a veces se me salen".

Lisa asintió. "Yo a veces no tengo deseos de ir a misa. Mis padres me llevan pero yo, en lugar de prestar atención, me pongo a soñar despierta o a fijarme en la ropa de la gente. Yo trato de ser buena pero, a veces, lo echo todo a perder".

CIC 1803–29

¿A veces te cuesta trabajo hacer lo correcto?

Cuando cometes un error, ¿cómo tratas de corregirlo?

Las virtudes

Aun después de convertirte en miembro de la Iglesia, tienes que seguir esforzándote para actuar bien. A veces tomamos decisiones erradas y pecamos aunque de veras deseemos vivir como Jesús. Las **virtudes** son hábitos que podemos cultivar y que nos ayudarán a elegir siempre el bien, las cosas que Dios quiere que hagamos. Sin embargo, al igual que cualquier otra habilidad —desde los deportes hasta las matemáticas— las virtudes requieren de su práctica.

Las virtudes humanas o cardinales

Hay dos tipos de virtudes. El primer tipo es el de las virtudes humanas. Las **virtudes humanas** son hábitos que nosotros mismos nos formamos y acciones que escogemos. Hay cuatro virtudes humanas.

Prudencia

Por **prudencia** entendemos la toma de decisiones correctas a las que se llega después de meditar detenidamente nuestras acciones (mediante la consulta de las Escrituras y de las enseñanzas de la Iglesia) *antes* de actuar. Actuamos prudentemente cuando:

- Examinamos las situaciones antes de tomar parte en ellas.
- Pensamos cuidadosamente en todas las opciones posibles.
- Escogemos las opciones que traigan el mayor bien.

¿Qué son algunas de las cosas que tú puedes hacer para practicar la prudencia?

Justicia

Por **justicia** entendemos la actuación imparcial, el tratar a todos de igual manera y el compartir los bienes de manera que todos tengan suficiente de lo que necesitan. Actuamos con justicia cuando:

- Cuidamos a quienes necesitan de nosotros.
- Tratamos de igual forma a todos y defendemos a las personas que están recibiendo un trato injusto.
- Somos honestos y cumplimos nuestras promesas.
- Compartimos con otros lo que tenemos.

Fortaleza

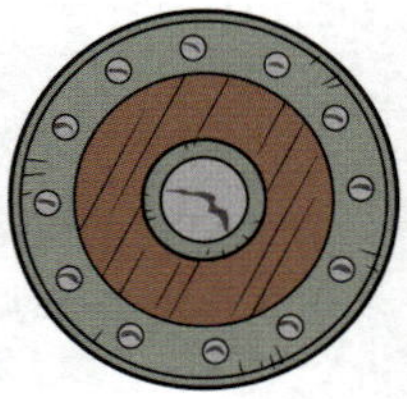

La **fortaleza** consiste en, por amor a Dios, vencer el miedo. La fortaleza nos permite hacer lo correcto aunque resulte difícil o nadie más lo haga. Mostramos ser fuertes cuando:

- Hacemos el bien aunque sintamos temor.
- Hagamos lo correcto aunque nuestros amigos no lo hagan.
- Hacemos lo que Dios quiere que hagamos aunque ello resulte difícil o no sea lo que deseamos.

Templanza

La **templanza** es el equilibrio entre lo que necesitamos y lo que queremos. Actuar con templanza es disfrutar de lo que nos gusta sin hacer que ellas sobrepasen en importancia a Dios. Es como comerse un pedazo de nuestro cake favorito y guardar todo el resto en vez de atiborrarnos y comérnoslo entero. Actuamos con templanza cuando:

- Dedicamos un tiempo a jugar con nuestros amigos pero reservamos un tiempo para Dios.
- Usamos parte de nuestro estipendio en darnos un gusto pero guardamos una parte para donarla.

¿Cómo puedes incluir a Dios en las cosas que disfrutas hacer?

La vida en familia

"Quiero que todos piensen en el RICA", dijo la señora Evans. "Pero no en cómo ustedes decidieron comenzar el RICA sino en cómo otras personas los ayudaron a llegarse aquí. ¿Quién fue quien hizo eso posible?"

Tanya levantó su mano, "Mi mamá me trajo todas las semanas".

"Mi abuelita me ayudó a repasar las lecciones en casa", añadió Tomás.

"¡Bien!" la señora Evans estaba radiante. "Eso es porque nuestras familias nos ayudan a crecer en la fe. De hecho, nuestras familias son nuestra primera iglesia".

¿Cómo te ha ayudado tu familia con relación a tu fe?

Tu primera iglesia

La Iglesia nos dice que nuestro hogar es nuestra primera iglesia. Muchas de las cosas que Jesús está tratando de enseñarte son cosas que aprendes de tu familia.

Lee las siguientes cosas que Jesús nos enseñó. Entonces escribe en nombre de la persona que fue la primera en enseñarte a seguir el mandamiento de Jesús.

Ámense los unos a los otros (Juan 15:12).

____

El que tenga dos túnicas, que las reparta con el que no tiene (Lucas 3:11).

____

Vuestro Padre sabe lo que necesitáis antes de pedírselo (Mateo 6:8).

____

Perdónense los unos a los otros (Mateo 6:14).

____

Transmitir los relatos sobre Jesús

Tú puedes ser la iglesia en tu hogar si transmites a la familia las historias sobre Jesús. Pueden leer todos juntos las lecturas de la misa antes de asistir a la misa dominical y pueden conversar sobre ellas. Después de la misa, pueden volver a conversar sobre las lecturas, pensando en esta ocasión en cómo la homilía del sacerdote aportó nuevos elementos a la discusión en familia.

¿Cuál es tu relato favorito sobre Jesús? ¿Por qué?

Hacer más interesante la misa

A veces la misa resulta aburrida. Esa hora parece durar mucho más. Pero tú puedes hacerte más interesante la misa. De hecho, ¡tú puedes llegar a ansiar ir a misa! He aquí algunas de las formas en que puedes sacar más provecho de la asistencia a misa:

- Llega temprano, cuando la iglesia está todavía casi vacía. Fíjate en cuántos objetos puedes reconocer por su nombre.
- Pide a tus padres que te hablen sobre las cosas que no identificas.
- Trae contigo un misal para que puedas seguir lo que se va desarrollando.
- Siéntate en los bancos de delante para que puedas verlo y oírlo todo.
- Participa en el canto y responde cuando le corresponde a la congregación hacerlo.
- En el momento de la colecta, contribuye con parte de tu estipendio.

¿Qué más puedes hacer para sentir deseos de asistir a la misa?

Compartir la Buena Nueva

Era el último día de clases y la señora Evans había preparado una fiesta. "Antes de dar comienzo a la fiesta, tengo una última tarea para todos ustedes", anunció la señora Evans. "Quiero que compartan todo lo que han aprendido con alguna otra persona. Especialmente las cosas que resultaron verdaderamente importantes para ustedes. No se guarden la fe para ustedes mismos. ¡Compártanla!"

¿Cómo puedes tú compartir tu fe con otros?

Comparte tu fe

Antes de regresar al cielo, Jesús dio a sus discípulos una misión. Les dijo que salieran e instruyeran a otros sobre Dios y el amor de Dios. Les dijo, *"haced discípulos a todas las gentes... enseñándoles a guardar todo lo que yo os he mandado"* (Mateo 28:19–20).

Ese es tremendo trabajo, ¿no es cierto? Pero no tienen que hacerlo ustedes solos. El Espíritu Santo que habita en sus corazones les ayudará. También lo harán sus familias, la de la casa y la de la iglesia, y también otros católicos.

La acción de ayudar a otros a conocer y amar a Dios es lo que se denomina **evangelización**. La evangelización es la tarea de todo buen cristiano católico. Para ayudarnos, el papa Juan Pablo II nos dio cinco pasos que debemos seguir.

Primer paso: Da testimonio de Cristo

Dar **testimonio** de Cristo significa dejar que tu amor por Jesús se manifieste en todo lo que hagas. Cuando uno ve personas que hacen buenas obras, que son amables, que sonríen y comparten, uno quiere estar con ellas y vivir como ellas. Cuando la gente te ve actuar como Jesús al ayudar, amar y acoger a los demás, se siente atraída por Jesús y quiere seguirlo.

La misa es donde primero puedes dar testimonio de Jesús. Cuando a tu iglesia llegan familias nuevas, puede que se sientan fuera de lugar porque no conocen a nadie. Mientras otras personas de la parroquia dan la bienvenida a los padres, ustedes pueden darles la bienvenida a los nuevos niños que se incorporan. Ustedes pueden hablarles sobre su iglesia e invitarlos a tomar parte en las cosas divertidas en las que participan todos ustedes.

¿Se te ocurre una forma en la podría dar la bienvenida a los nuevos niños que llegan a tu iglesia?

Segundo paso: Comparte tu fe

Algunos niños nunca han tenido noticia de las cosas que ustedes aprendieron sobre Jesús y la Iglesia Católica. Puede que te toque a ti enseñarles. Tú puedes contarles a tus amigos relatos sobre Jesús. Cuanto más conozcan sobre Jesús, tanto más desearán saber sobre él. Después de todo, ¡conocer a Jesús es conocer a Dios!

¿Cuál de los relatos sobre Jesús es tu indiscutible favorito? ¿Por qué?

Tercer paso: Ofrece el amor de Jesús

Todos queremos ser amados. En el fondo, todo el mundo también quiere dar amor. El primer y más importante mandamiento de Jesús se refiere exclusivamente al amor: *"Amarás al Señor, tu Dios, con todo tu corazón, con toda tu alma y con toda tu mente"* (Mateo 22:37). El segundo mandamiento de Jesús también trata sobre el amor: *"Amarás a tu prójimo como a ti mismo"* (Mateo 22:39).

¿No es maravilloso que Jesús nos haya enseñado cómo ser buenos cristianos? Él dijo que debíamos amar. Él dijo que Dios nos ama más que lo que nos puede amar nadie. ¡Eso es muchísimo amor! Las personas se sentirán atraídas hacia Jesús si les amamos y les hacemos saber cuánto las ama él.

¿Cómo puedes amar más a tu familia? ¿a tus amigos? ¿a tus compañeros de aula?

Cuarto paso: Desafía la cultura imperante

La **cultura** es la forma en la que un grupo de personas se habitúa a hacer algo o llevar la vida. A veces, tenemos que desafiar costumbres que no corresponden a lo que Jesús quiere que se haga. A veces, lo que nuestra cultura dice que es correcto en realidad no lo es. O, en ocasiones, en nuestra cultura las cosas se ven de manera diferente a como Jesús las vería.

También tenemos que tratar a las personas en la forma que Jesús quisiera que las tratásemos. Jesús dijo en una ocasión, *"Cuanto hicisteis a otros, a mí me lo hicisteis"* (Mateo 25:40). Si alguien tiene hambre y tú la ayudas, estás ayudando a Jesús. Si alguien se siente solo y tú ignoras a esa persona, estás ignorando a Jesús. En nuestro mundo, muchas personas están hambrientas, solas o tristes. Es tarea nuestra ayudarlas.

¿Cómo puedes tú ayudar hoy a otros?

¿Cuáles son algunas de las formas en que tú puedes desafiar la cultura imperante para que se parezca más a Jesús?

Quinto paso: Haz que lo bueno sea mejor

La mayoría de las personas tratan de hacer el bien y tomar decisiones correctas. Sin embargo, siempre se puede mejorar si se sigue a Jesús y se hace más a favor de los demás.

A continuación presentamos algunas frases muy conocidas que fueron pronunciadas por Jesús y aparecen en los Evangelios. Después de cada una de ellas, escribe una manera en la que puedes aplicar hoy las palabras de Jesús a tu vida.

Ámense unos a otros como yo los he amado (Adaptado de Juan 13:34).

____

No juzgues a los demás si no quieres ser juzgado (Adaptado de Lucas 6:37).

____

Perdona siempre a los demás como Dios te perdona a ti (Adaptado de Marcos 11:25).

____

EN SALIDA CON LA IGLESIA

Para cada uno de los cinco pasos que estudiaste hoy, haz un dibujo o escribe una historia o un poema que muestren cómo podemos vivir ese paso en el mundo exterior al templo.

1. Dar testimonio de Cristo.

2. Compartir tu fe.

3. Ofrecer el amor de Jesús.

4. Desafiar la cultura.

5. Hacer mejor lo bueno.

Resumen

- La relación con Jesús es importante para la conversión.
- Estamos llamados a compartir la Buena Nueva.
- La Iglesia nos prepara para la misión de la evangelización.

***Jornada de Fe para Niños, Mistagogia, M8* (827006)**

Imprimi Potest: Stephen T. Rehrauer, CSsR, Provincial de la Provincia de Denver, Redentoristas.

Imprimatur: "Conforme al *CIC* 827, el 13 de julio de 2017, el reverendo Mark S. Rivituso, obispo auxiliar de la archidiócesis de St. Louis, concedió el permiso de publicación. El Imprimátur es un permiso para la publicación que indica que la obra no contiene contradicciones con las enseñanzas de la Iglesia Católica, sin embargo no implica la aprobación de las opiniones que se expresan en ella. Con este permiso no se asume ninguna responsabilidad".

Jornada de Fe © 2000, 2017 Liguori Publications, Liguori, MO 63057. Para hacer pedidos, visite *Liguori.org* o llame al 800-325-9521. Liguori Publications, corporación no lucrativa, es un apostolado de los Redentoristas. Para saber más acerca de los Redentoristas visite Redemptorists.com.

Editores de *Jornada de Fe para Niños* 2017: Theresa Nienaber-Panuski and Pat Fosarelli, MD, DMin.

Diseño y producción: Wendy Barnes, John Krus, Lorena Mitre Jimenez, Bill Townsend. Ilustraciones: Jeff Albrecht.

Impreso en los Estados Unidos de América.
Tercera edición.

LIBROS LIGUORI

Jornada de Fe

Rezar juntos en casa

¿Tienen ustedes un momento de oración en familia?

Jesús dijo, *"Porque donde están dos o tres reunidos en mi nombre, allí estoy yo en medio de ellos"* (Mateo 18:20). He aquí algunos momentos especiales para invitar a Jesús a que los acompañe en casa, mediante la oración:

- Rezar antes de las comidas nos recuerda que debemos agradecer a Dios nuestro alimento.
- Rezar antes de salir de casa en la mañana nos recuerda que Dios está con nosotros el día entero.
- Rezar por la curación de un amigo o familiar enfermo nos recuerda que podemos hacer algo por los que necesitan nuestra ayuda.
- Rezar antes de una prueba importante nos puede ayudar a salir mejor en los estudios.
- Rezar con quien tiene un problema o preocupación particular puede contribuir a que nos sintamos más calmados y hasta ayudarnos a comprender qué cosa es correcto hacer.
- Pedir a Jesús que te acompañe cuando viajas te recordará que él está siempre contigo.

¿De qué otra forma puedes mediante la oración invitar a Jesús a que acompañe a tu familia?

Vivir el amor en el hogar

Es también importante que manifestemos amor en la forma en que nos hablamos y nos tratamos los unos a los otros. Eso comienza por casa. Todos cometemos errores. Es por eso que siempre debemos demostrarnos amor y disposición a perdonarnos mutuamente. Podemos ayudar a los otros a convertirse en mejores cristianos, especialmente a quienes comparten con nosotros el hogar.

Por ejemplo, podemos realizar tareas domésticas sin que tengan que pedirnos que las hagamos. Podemos interesarnos por cómo los demás han pasado el día en vez de ignorarlos o hablar solo de nosotros mismos. Podemos apagar el televisor o la computadora para dedicar tiempo a conversar o jugar con nuestra familia.

¿De qué otra forma puedes demostrarle a tu familia que los amas?

Aprender de los santos

Los santos son personas que supieron seguir a Jesús. Puedes aprender mucho de ellos leyendo historias de sus vidas. Entonces podrás seguir a Jesús al imitarlos. He aquí algunas ideas:

- Todos los días dedica, después de clases, un rato a leer sobre tus santos favoritos. Quizás cada miembro de tu familia pudiera escoger un santo diferente y entonces podrían compartir con los demás lo aprendido por cada uno.

- Escoge un "santo de la semana" y busca formas para imitarlo. Por ejemplo, santa Teresa de Calcuta cuidó de los más pobres entre los pobres y los más enfermos entre los enfermos. Imítala recogiendo alimentos para los enfermos y haciendo tarjetas para repartir entre las personas ingresadas en el hospital.

¡Cuanto más aprendas sobre los santos, tano más aprenderás sobre Dios!

GRACIAS

Piensa en todas las manera en que tu familia te ha ayudado a incrementar tu fe. Escribe una nota de agradecimiento a, por lo menos, dos miembros de tu familia que te han dado ayuda en alguna forma especial.

Querido ______________________________

____

____

____

____

____

____

Amor,

____

Resumen

- La familia es la "iglesia doméstica".
- Los padres son los primeros y más importantes maestros en la fe.
- La fe y la identidad católica merecen ser celebradas con la familia.

***Jornada de Fe para Niños, Mistagogia, M7* (827006)**

Imprimi Potest: Stephen T. Rehrauer, CSsR, Provincial de la Provincia de Denver, Redentoristas.

Imprimatur: "Conforme al *CIC* 827, el 13 de julio de 2017, el reverendo Mark S. Rivituso, obispo auxiliar de la archidiócesis de St. Louis, concedió el permiso de publicación. El Imprimátur es un permiso para la publicación que indica que la obra no contiene contradicciones con las enseñanzas de la Iglesia Católica, sin embargo no implica la aprobación de las opiniones que se expresan en ella. Con este permiso no se asume ninguna responsabilidad".

Jornada de Fe © 2000, 2017 Liguori Publications, Liguori, MO 63057. Para hacer pedidos, visite *Liguori.org* o llame al 800-325-9521. Liguori Publications, corporación no lucrativa, es un apostolado de los Redentoristas. Para saber más acerca de los Redentoristas visite Redemptorists.com.

Editores de *Jornada de Fe para Niños* 2017: Theresa Nienaber-Panuski and Pat Fosarelli, MD, DMin.

Diseño y producción: Wendy Barnes, John Krus, Lorena Mitre Jimenez, Bill Townsend. Ilustraciones: Jeff Albrecht.

Impreso en los Estados Unidos de América.
Tercera edición.

Las virtudes teologales

El segundo grupo de virtudes es el de las virtudes teologales. Las **virtudes teologales** proceden directamente de Dios y nos ayudan a dedicarle a él la vida. Estas virtudes nos ayudan a vivir con más efectividad las virtudes humanas.

Fe

La **fe** nos posibilita creen en Dios y en todo lo que hace. La fe no es solo decir que uno cree en Dios o enumera un montón de doctrinas. La fe verdadera consiste en ser amigo de Dios. Ella significa vivir como Dios quiere que vivamos y trabajar en favor de las cosas buenas.

Cuando tenemos fe, los demás nos importan y también nos importa el mundo porque todo es creación de Dios. Cuando tenemos fe, queremos hablarle de él a cuanta persona cruzamos en nuestro camino. Dios es lo primero para nosotros en todo lo que hacemos y le damos gracias por todo cuanto nos da.

¿Cómo le muestras a Dios que él es tu amigo?

¿Cómo puedes hacer aún más fuerte tu amistad con Dios?

Esperanza

Tener **esperanza** significa confiar en la presencia de Dios. La esperanza es la virtud que nos consuela, nos da valor y nos ayuda a centrar nuestro interés en el cielo y en las cosas del cielo. Cuando tenemos esperanza, confiamos en que Dios completará la buena obra que comenzó en nosotros.

Caridad (amor)

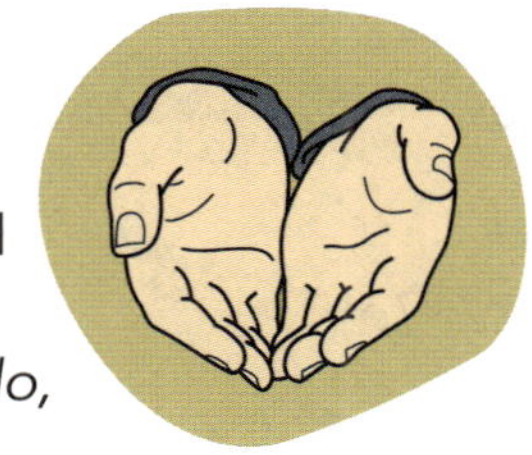

Al hablar del **amor** (o la **caridad**), nos referimos a dar a los demás el mismo trato que Jesús les daría. Jesús dijo, *"Como yo os he amado, así os améis también vosotros los unos a los otros"* (Juan 13:34). Debemos esforzarnos en amar a los otros como los ama Jesús.

¿Cómo demuestras a los otros que los amas como Jesús los ama?

¿Cómo se puede amar a las personas con las que resulta difícil llevarse bien?

Vivir las virtudes

La Iglesia da nombres específicos a algunas de las maneras en se viven las virtudes teologales en el mundo. Ellas reciben el nombre de obras de misericordia. Hay **obras de misericordia** que se refieren a las necesidades físicas y otras relacionadas con las necesidades espirituales.

OBRAS DE MISERICORDIA PARA LAS NECESIDADES CORPORALES	OBRAS DE MISERICORDIA PARA LAS NECESIDADES ESPIRITUALES
Dar de comer al hambriento	Enseñar a los que no saben o necesitan ayuda
Dar de beber al sediento	Dar respuesta a las preguntas de quienes tienen dudas
Vestir al que carece de ropa adecuada	Ayudar a los que hacen el mal y no comprenden que es malo lo que han hecho
Albergar al que carece de un techo	Ser pacientes con los demás aunque no nos traten bien
Visitar enfermos	Perdonar a los otros
Trabajar por la libertad de los cautivos	Dar consuelo a los que sufren
Enterrar a los muertos	Rezar por los vivos y los muertos

MATERIALIZANDO LAS VIRTUDES EN OBRAS CONCRETAS

Para cada una de las obras de misericordia que aparecen más abajo, elija una virtud que pueda ayudarte a realizarla. Entonces redacta una o dos oraciones acerca de por qué sería de ayuda esa virtud.

Banco de palabras de virtudes

fe

esperanza

amor

fortaleza

templanza

prudencia

justicia

Obras de misericordia

Perdonar a los demás

____

Consolar a los demás

____

Alimentar al hambriento

____

Vestir al que carece de ropa adecuada

____

Visitar a los enfermos

____

Enseñar a los demás

____

Resumen

- Vemos la manifestación de Dios en las vidas de quienes practican las virtudes.
- Hay virtudes humanas y virtudes teologales.
- La mayor de las virtudes es el amor (la caridad).

***Jornada de Fe para Niños, Mistagogia, M6* (827006)**

Imprimi Potest: Stephen T. Rehrauer, CSsR, Provincial de la Provincia de Denver, Redentoristas.

Imprimatur: "Conforme al *CIC* 827, el 13 de julio de 2017, el reverendo Mark S. Rivituso, obispo auxiliar de la archidiócesis de St. Louis, concedió el permiso de publicación. El Imprimátur es un permiso para la publicación que indica que la obra no contiene contradicciones con las enseñanzas de la Iglesia Católica, sin embargo no implica la aprobación de las opiniones que se expresan en ella. Con este permiso no se asume ninguna responsabilidad".

Jornada de Fe © 2000, 2017 Liguori Publications, Liguori, MO 63057. Para hacer pedidos, visite *Liguori.org* o llame al 800-325-9521. Liguori Publications, corporación no lucrativa, es un apostolado de los Redentoristas. Para saber más acerca de los Redentoristas visite Redemptorists.com.

Editores de *Jornada de Fe para Niños* 2017: Theresa Nienaber-Panuski and Pat Fosarelli, MD, DMin.

Diseño y producción: Wendy Barnes, John Krus, Lorena Mitre Jimenez, Bill Townsend. Ilustraciones: Jeff Albrecht.

Impreso en los Estados Unidos de América.
Tercera edición.

LIBROS LIGUORI

Jornada de Fe

SEGUNDA PARADA: tu barrio

La santidad es buena parte del amor. El segundo mandamiento que Jesús nos dio es *"Amarás a tu prójimo como a ti mismo"* (Mateo 22:39). Aprender a amar al prójimo requiere de práctica. ¿Hay alguna persona que necesite tu ayuda? Pregúntales a tus padres. Quizás tú puedas sacar la basura o cortar el césped de un vecino enfermo o anciano. O pudieras cortar unas flores o hacer una tarjeta para visitar a un vecino que necesita que alguien le transmita algo de alegría.

¿Cómo puedes encontrar la ruta hacia la santidad en tu vecindario?

¿Cómo puedes comportarte más a la manera de Jesús cuando juegas?

TERCERA PARADA: tu aula

Piensa en tus compañeros de clase. ¿Hay alguno del que a veces se rían o al que ignoren? ¿Hay algo que puedas hacer para que esa persona se sienta mejor? ¿Hay alguien a quien le están resultando difíciles los estudios? Quizás puedas ayudarlo a estudiar. Puede no sean tus vecinos más próximos, pero tus compañeros de clase son también tus prójimos.

¿Cómo seguir la ruta hacia la santidad en la escuela?

CUARTA PARADA: el patio de juegos

En el patio de recreo encontrarás muchas pistas para hallar el tesoro escondido. Se puede jugar limpio. Se puede perder y seguir siendo amable. Se puede ganar sin hacer que el otro equipo se sienta mal. Se puede lograr que todo el que quiera jugar tenga oportunidad de hacerlo. Recuerda que Jesús sigue en tu corazón cuando estás en el área de juegos. Si no sabes qué hacer, pregúntale qué haría él.

QUINTA PARADA: tu familia

A veces es más difícil amar a los miembros de nuestra familia que amar a un vecino o un extraño. Sin embargo, ¡el amor a la familia, al hogar, es una de las mejores rutas para encontrar y compartir la santidad!

¿Qué puedes hacer para demostrar amor a tu familia?

ÚLTIMA PARADA: tu iglesia

¡Estamos de regreso al punto de partida! ¡Has recorrido un círculo perfecto!

Todos sabemos que podemos hallar la santidad en Dios y en la Iglesia. Sin embargo, no se puede ni experimentar ni comprender la santidad hasta que extendemos los brazos para abrazar a los vecinos, compañeros de estudio, amigos y familiares. No se puede reconocer la presencia de la santidad si nunca se ha llevado a la práctica en el vecindario, el aula, el patio de recreo y el hogar.

Regresa a la lista de personas santas que hiciste al principio de la lección. Agrega tu nombre a la lista y explica cómo encontraste la santidad para ti mismo y cómo das muestras de esa santidad a los demás.

EL MAPA DE LA SANTIDAD

¡Haz tu propio mapa con la ruta hacia la santidad! Comienza y termina en la Iglesia pero incluye al menos cuatro lugares en los que encuentras la santidad en tu propia vida. En cada uno de esos puntos haz un dibujo o escribe una o dos oraciones acerca de cómo compartes o ves la presencia de santidad en esos lugares.

Resumen

- Todos los cristianos estamos llamados a la santidad.
- El camino hacia la santidad es un proceso permanente.
- Con la ayuda del Espíritu Santo podemos sobreponernos a los obstáculos que se presentan en nuestra ruta hacia la santidad.

***Jornada de Fe para Niños, Mistagogia, M5* (827006)**

Imprimi Potest: Stephen T. Rehrauer, CSsR, Provincial de la Provincia de Denver, Redentoristas.

Imprimatur: "Conforme al *CIC* 827, el 13 de julio de 2017, el reverendo Mark S. Rivituso, obispo auxiliar de la archidiócesis de St. Louis, concedió el permiso de publicación. El Imprimátur es un permiso para la publicación que indica que la obra no contiene contradicciones con las enseñanzas de la Iglesia Católica, sin embargo no implica la aprobación de las opiniones que se expresan en ella. Con este permiso no se asume ninguna responsabilidad".

Jornada de Fe © 2000, 2017 Liguori Publications, Liguori, MO 63057. Para hacer pedidos, visite *Liguori.org* o llame al 800-325-9521. Liguori Publications, corporación no lucrativa, es un apostolado de los Redentoristas. Para saber más acerca de los Redentoristas visite Redemptorists.com.

Editores de *Jornada de Fe para Niños* 2017: Theresa Nienaber-Panuski and Pat Fosarelli, MD, DMin.

Diseño y producción: Wendy Barnes, John Krus, Lorena Mitre Jimenez, Bill Townsend. Ilustraciones: Jeff Albrecht.

Impreso en los Estados Unidos de América.
Tercera edición.

LIBROS LIGUORI

Jornada de Fe

Tercer paso

Háblale a Dios de tu lista.

A veces la decisión que deseamos tomar no es la correcta. Es por eso que, antes de tomar una decisión, consultamos con Dios. Cuéntale a Dios sobre tu lista y tus posibles decisiones. Entonces limítate a escuchar. No pienses en la decisión. Mantén tu corazón y tu mente abiertos a lo que Dios intenta decirte.

Puede resultarnos difícil renunciar a lo que queremos hacer para hacer lo que Dios quiere que hagamos. Es por eso que no se nos puede olvidar hablar con Dios siempre que tengamos que tomar una decisión importante. Si no estás seguro de por dónde comenzar, reza la Oración del Señor. Haz una pausa después de decir "venga a nosotros tu reino, hágase tu voluntad".

Cuarto paso

Toma tu decisión.

Reza hasta que sientas que ya sabes cuál es la mejor decisión.

¿? ***Vuelve a pensar en el problema que anotaste en el primer paso. ¿Qué elección piensas tú que Dios desearía que hicieras?***

Quinto paso

Reflexiona sobre esa decisión.

Ahora sabes qué vas a hacer. Ora y preséntale una vez más tu decisión a Dios. Piensa en lo que pudiera cambiar después de tomar esa decisión. Pídele al Espíritu Santo que te dé valor para llevar adelante tu decisión.

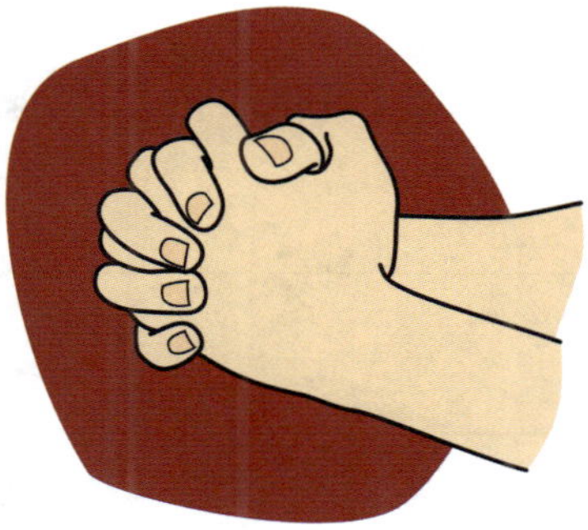

Sexto paso

Toma la decisión.

Ahora es que tienes que hacer oficial tu decisión. No siempre te hará feliz hacer lo correcto. Puede que te sientas mal por haber dejado de hacer algo en compañía de tus amigos. O puede que tengas que admitir que habías hecho algo malo.

Lo correcto no es siempre lo que lo hace a uno más feliz en ese momento. Es lo que nos acerca más a Dios.

Piensa en tu problema empezando por el primer paso. Escribe cuál debiera ser tu decisión.

Decisiones difíciles

Ahora utiliza ese proceso tú solo. Haz tus anotaciones donde prefieras hacerlo. No tienes que hablarlo con nadie si prefieres no hacerlo. ¡Y recuerda no dejar de hablar con Dios durante todos y cada uno de los pasos!

1. Tengo que tomar una decisión acerca de...

____

____

2. Si decido de una manera, ¿cuáles son...

...las cosas buenas que pueden suceder?

...las cosas malas que pueden suceder?

3. Si tomo la otra decisión, ¿cuáles son...

...las cosas buenas que pueden suceder?

...las cosas malas que pueden suceder?

4. Escribe la oración que haces para pedir a Dios ayuda en tu decisión.

Ahora que ya has utilizado esta forma de tomar una decisión, ¿cuál ha sido el paso que te ha resultado más difícil?

Resumen

- El discernimiento espiritual es un proceso de toma de decisiones mediante el cual buscamos conocer la voluntad de Dios.
- San Ignacio de Loyola nos ofrece un proceso de discernimiento.
- El discernimiento tiene un importante papel en nuestro crecimiento espiritual y en nuestra jornada de fe.

***Jornada de Fe para Niños, Mistagogia, M4* (827006)**

Imprimi Potest: Stephen T. Rehrauer, CSsR, Provincial de la Provincia de Denver, Redentoristas.

Imprimatur: "Conforme al *CIC* 827, el 13 de julio de 2017, el reverendo Mark S. Rivituso, obispo auxiliar de la archidiócesis de St. Louis, concedió el permiso de publicación. El Imprimátur es un permiso para la publicación que indica que la obra no contiene contradicciones con las enseñanzas de la Iglesia Católica, sin embargo no implica la aprobación de las opiniones que se expresan en ella. Con este permiso no se asume ninguna responsabilidad".

Jornada de Fe © 2000, 2017 Liguori Publications, Liguori, MO 63057. Para hacer pedidos, visite *Liguori.org* o llame al 800-325-9521. Liguori Publications, corporación no lucrativa, es un apostolado de los Redentoristas. Para saber más acerca de los Redentoristas visite Redemptorists.com.

Editores de *Jornada de Fe para Niños* 2017: Theresa Nienaber-Panuski and Pat Fosarelli, MD, DMin.

Diseño y producción: Wendy Barnes, John Krus, Lorena Mitre Jimenez, Bill Townsend. Ilustraciones: Jeff Albrecht.

Impreso en los Estados Unidos de América.
Tercera edición.

LIBROS LIGUORI

Jornada de Fe

Poder de hacer milagros

Los milagros no son solo esas cosas extraordinarias que hacen noticia. Es más, acciones realmente pequeñas pueden resultar algo formidable cuando las realizamos con intenso amor. Podemos realizar grandes obras si tratamos de otras personas tengan una vida mejor. Cuando quitamos la nieve del camino de entrada a la casa de un vecino o cuando recogemos la mesa sin que nos lo pidan, estamos haciendo una gran obra.

¿Qué persona conoces que tenga el don de realizar grandes obras? ¿Qué grandes obras ha realizado?

¿Qué grandes obras pudieras realizar tú?

Profecía

En las Escrituras podemos encontrar ejemplos de personas que emplear el don de la profecía. Algunas de esas personas recibieron el nombre de profetas debido a que, valiéndose de este don, pudieron transmitir al pueblo de Dios información que, hasta entonces, era secreta. El don de la profecía puede, en algunos casos, significar que a la persona le es dado conocer acontecimientos futuros o acontecimientos pasados en los que no estuvo presente. San Pablo nos dice que la profecía puede ser una inspiración divina acerca de lo desconocido.

¿A quién conoces que tenga el don de profecía? ¿Cómo se manifiesta ese don en él o ella?

¿Cómo puedes tú actuar como corresponde a quien tiene el don de profecía?

Discernimiento

Decimos que tiene el don de discernimiento quien ve las cosas y las personas de la forma en que las ve Dios. Actuamos con discernimiento cuando tenemos presente que todos, aun las personas con las que no nos llevamos bien, son hijos de Dios.

¿A quién conoces que posee el don de discernimiento? ¿Cómo se manifiesta ese don en él o ella?

¿Cómo puedes tú actuar como corresponde a quien tiene el don de discernimiento?

Lenguas e interpretación

El día de Pentecostés, el Espíritu Santo dio a los discípulos el don de lenguas para que pudieran hablar de Jesús de forma tal que todo el mundo pudiera entenderlos. En 1 Corintios, capítulo 14, san Pablo nos dice que podemos darnos cuenta de que alguien realmente tiene y emplea el don de lenguas si vemos que la fe de esa persona, o de todo el grupo, crece y se fortalece.

Menciona a alguien que conozcas que tenga el don de lenguas o de interpretación. ¿Cómo te has dado cuenta de eso?

¿Cómo puedes tú actuar como quien posee el don de lenguas o el de interpretación de lenguas?

JUEGO DE REGALO

Enlaza cada uno de los dones con un ejemplo de su puesta en práctica.

Sabiduría	Dar consuelo a alguien cuyo padre ha muerto
Ciencia	Tener conocimiento, por medio de la inspiración divina, de algo que sucederá en el futuro
Sanación	Ayudar a tu amiga a tomar una decisión pensando en qué querría Dios que ella eligiera hacer
Don de obrar milagros	Ayudar a tu amigo o amiga con su tarea de Matemáticas
Fe	Dedicar un sábado al mes para ayudar a los sin techo
Discernimiento	Valorar el punto de vista de tu hermano antes de ponerte a discutir con él
Profecía	Hablar acerca de tu nueva fe y de tu amistad con Dios para inspirar en otros el incremento de su fe
Lenguas/Interpretación	Ayudar a tu amiga a darse cuenta de en qué forma Dios está actuando en su vida

Resumen

- Las vidas de los fieles nos permiten descubrir los dones del Espíritu Santo.
- Empleamos nuestros dones espirituales para amarnos y servirnos los unos a los otros.
- Cada uno de nosotros es responsable de descubrir, alimentar y compartir nuestros dones espirituales.

***Jornada de Fe para Niños, Mistagogia, M3* (827006)**

Imprimi Potest: Stephen T. Rehrauer, CSsR, Provincial de la Provincia de Denver, Redentoristas.

Imprimatur: "Conforme al *CIC* 827, el 13 de julio de 2017, el reverendo Mark S. Rivituso, obispo auxiliar de la archidiócesis de St. Louis, concedió el permiso de publicación. El Imprimátur es un permiso para la publicación que indica que la obra no contiene contradicciones con las enseñanzas de la Iglesia Católica, sin embargo no implica la aprobación de las opiniones que se expresan en ella. Con este permiso no se asume ninguna responsabilidad".

Jornada de Fe © 2000, 2017 Liguori Publications, Liguori, MO 63057. Para hacer pedidos, visite *Liguori.org* o llame al 800-325-9521. Liguori Publications, corporación no lucrativa, es un apostolado de los Redentoristas. Para saber más acerca de los Redentoristas visite Redemptorists.com.

Editores de *Jornada de Fe para Niños* 2017: Theresa Nienaber-Panuski and Pat Fosarelli, MD, DMin.

Diseño y producción: Wendy Barnes, John Krus, Lorena Mitre Jimenez, Bill Townsend. Ilustraciones: Jeff Albrecht.

Impreso en los Estados Unidos de América.
Tercera edición.

LIBROS LIGUORI

Jornada de Fe

¿Hay alguien que necesite ayuda para comprender lo que está diciendo la maestra o el maestro? Quizás puedas ayudar a ese niño o niña si estudian juntos la asignatura que no entiende muy bien.

Menciona dos cosas que puedas hacer en la escuela para servir a Dios.

____

____

____

____

En la iglesia

Hay muchísimas cosas que puedes hacer en la iglesia para brindar tu ayuda. Puedes hacer mucho más que limitarte a asistir a misa una vez a la semana.

¿Hay un grupo de niños al que puedas incorporarte para trabajar en los eventos especiales organizados en la parroquia o para ayudar a decorar y limpiar la iglesia para las misas especiales?

¿Qué talentos posees? ¿Puedes cantar en el coro o tocar algún instrumento musical? Quizás puedas hasta actuar como guionista (presentador de las lecturas) o como monaguillo.

Menciona dos formas en la que puedas servir a Dios en la iglesia.

____

____

En tu barrio

También puedes servir a Dios si echas una mano en el vecindario. Puede que pienses que no puedes hacer grandes cosas pero a veces las pequeñas cosas que están al alcance de uno tienen un gran impacto.

¿Hay en tu barrio algún despensa para la distribución de alimentos a los necesitados? Ahí se necesitan personas que ayuden a recoger alimentos. Averigua si hay algún tipo de colecta en la que tú y tu familia puedan ayudar.

¿Hay alguien que necesite que pasen el rastrillo a su patio? ¿Alguien a quien le haga falta que le limpien el camino de acceso a su casa después de una nevada? ¿Alguien que necesite que saquen la basura por él o ella? Averigua si puedes ayudarlos.

Enumera una o dos maneras en las que puedes servir a Dios en tu vecindario.

____

____

Señor, ¿en qué puedo servirte?

Querido Dios,

Gracias por hacerme hijo tuyo. Gracias por darme a Jesús que me enseña cómo amar y servir a otros. A veces me resulta difícil saber qué quieres que haga. Haz que mi corazón esté siempre dispuesto a dar amor. Haz que mis ojos estén siempre abiertos para ver las necesidades de las otras personas. Haz que mis oídos se abran para escuchar claramente lo que me dicen. Enséñame a amarte al amar a los demás.

Amén.

SERVIR A DIOS

Pon un ✓ junto a cada acción con la que se sirva a Dios. Pon una ✘ junto a cada acción que no sea un servicio a Dios. Después cambia cada oración marcada con ✘ de modo tal que la conviertas en una acción agradable a Dios.

_____________ Recoger la basura tirada en la acera y deshacerse de ella

_____________ Ignorar a tu mamá cuando ella te pide que cumplas con tus obligaciones

_____________ Rezar por alguien que no es amable contigo

_____________ Quejarte de tu maestro

_____________ Aceptar ser monaguillo

_____________ Mentir al explicar por qué no hiciste tu tarea

_____________ Donar parte de tu estipendio

_____________ Difundir rumores acerca de alguien de tu clase que no te agrada

Resumen

- Los fieles laicos son muy importantes para la vida de la Iglesia.
- El laicado sirve a Dios junto a los sacerdotes y los religiosos consagrados.
- Los laicos viven su llamado a la santidad en el mundo de la familia, el trabajo y la comunidad.

***Jornada de Fe para Niños, Mistagogia, M2* (827006)**

Imprimi Potest: Stephen T. Rehrauer, CSsR, Provincial de la Provincia de Denver, Redentoristas.

Imprimatur: "Conforme al *CIC* 827, el 13 de julio de 2017, el reverendo Mark S. Rivituso, obispo auxiliar de la archidiócesis de St. Louis, concedió el permiso de publicación. El Imprimátur es un permiso para la publicación que indica que la obra no contiene contradicciones con las enseñanzas de la Iglesia Católica, sin embargo no implica la aprobación de las opiniones que se expresan en ella. Con este permiso no se asume ninguna responsabilidad".

Jornada de Fe © 2000, 2017 Liguori Publications, Liguori, MO 63057. Para hacer pedidos, visite *Liguori.org* o llame al 800-325-9521. Liguori Publications, corporación no lucrativa, es un apostolado de los Redentoristas. Para saber más acerca de los Redentoristas visite Redemptorists.com.

Editores de *Jornada de Fe para Niños* 2017: Theresa Nienaber-Panuski and Pat Fosarelli, MD, DMin.

Diseño y producción: Wendy Barnes, John Krus, Lorena Mitre Jimenez, Bill Townsend. Ilustraciones: Jeff Albrecht.

Impreso en los Estados Unidos de América.
Tercera edición.

LIBROS LIGUORI

Jornada de Fe

Seguir creciendo

Si te sientes asustado o inseguro con relación a tu nueva fe, no te preocupes. Hasta los discípulos de Jesús se sintieron así. En diferentes momentos, los discípulos se sintieron felices y entusiasmados, un poco temerosos, un poco inseguros y, a veces, hasta un poco desilusionados.

¿Recuerdas a Pedro? Él no siempre entendía qué quería Jesús de él. A veces Jesús tuvo que regañarle. Cuando Jesús dijo que él sufriría y moriría, Pedro dijo que jamás permitiría que eso pasara a Jesús. Puedes leer más sobre eso en el Evangelio de Mateo 16:21–23.

Los otros discípulos también cometieron errores con respecto a Jesús. Hay una historia acerca de que tanto Santiago como Juan querían sentarse junto a Jesús en el cielo. Jesús los regañó y les dijo qué los haría verdaderamente grandes a los ojos de Dios. Puedes leer más sobre ello en el Evangelio de Marcos 10:35–45.

Nuestro ayudante espiritual

Jesús sabía que todos sus seguidores necesitarían ayuda para vivir su fe. Vivir como Jesús no era fácil (¡y sigue sin serlo!).

Cuando Jesús ascendió al cielo, sus discípulos se sintieron tristes y asustados. No sabían cómo podrían fundar la Iglesia de Jesús sin tenerlo junto a ellos. Pero en **Pentecostés** ocurrió un milagro que los transformó.

Todos los discípulos estaban reunidos en una habitación. De pronto, un ruido vino del cielo. Fue como una ráfaga de viento fuerte que llenó toda la casa. Entonces aparecieron sobre las cabezas de los discípulos lo que parecían ser unas lenguas de fuego.

Los discípulos quedaron llenos del Espíritu Santo y comenzaron a hablar sobre Dios. Los discípulos salieron a las calles de Jerusalén y comenzaron a hablar con personas de todas partes del mundo. Cada persona oía a los discípulos hablando en su propia lengua.

Pedro contó a la gente lo que le habían hecho a Jesús. Entonces les dijo cómo podían ser salvados si creían en Jesús. Miles de personas escucharon a Pedro y creyeron en Jesús por lo que Pedro les decía.

Es por eso que decimos que Pentecostés es el "cumpleaños" de la Iglesia. Pentecostés fue el día en que nuestra Iglesia que peregrina en la tierra comenzó a crecer. Los seguidores de Jesús siguieron creciendo en la fe después de Pentecostés. Igual que ellos, también nosotros continuamos creciendo y desarrollándonos en nuestra fe.

¿Sobre qué aspectos de tu fe estás más interesado en investigar o aprender?

¿Qué aspectos de tu fe despiertan en ti mayor entusiasmo por salir a comunicarlos a otras personas?

Encuentra las palabras escondidas

Identifica la palabra o palabras que da respuesta a cada una de las siguientes preguntas. Después encuéntralas en la sopa de palabras que aparece más abajo.

ivtone **putiEsír naSot** **Preet** **smalla** **lesigal**

¿Quién vino a los discípulos en Pentecostés? ___ ___ ___ ___ ___ ___ ___ ___

___ ___ ___ ___ ___

¿A qué se parecía el ruido que oyeron los discípulos? ___ ___ ___ ___ ___ ___

¿Qué apareció sobre la cabeza de cada discípulo? ___ ___ ___ ___ ___ ___

Pentecostés es el cumpleaños de la ___ ___ ___ ___ ___ ___ ___

¿Quién contó a la gente lo que le habían hecho a Jesús? ___ ___ ___ ___ ___

Resumen

- La conversión es un proceso permanente.
- El crecimiento espiritual necesita de la gracia de Dios y de mucho esfuerzo.
- La participación es una parte importante de nuestra fe en comunidad.

***Jornada de Fe para Niños, Mistagogia, M1* (827006)**

Imprimi Potest: Stephen T. Rehrauer, CSsR, Provincial de la Provincia de Denver, Redentoristas.

Imprimatur: "Conforme al *CIC* 827, el 13 de julio de 2017, el reverendo Mark S. Rivituso, obispo auxiliar de la archidiócesis de St. Louis, concedió el permiso de publicación. El Imprimátur es un permiso para la publicación que indica que la obra no contiene contradicciones con las enseñanzas de la Iglesia Católica, sin embargo no implica la aprobación de las opiniones que se expresan en ella. Con este permiso no se asume ninguna responsabilidad".

Jornada de Fe © 2000, 2017 Liguori Publications, Liguori, MO 63057. Para hacer pedidos, visite *Liguori.org* o llame al 800-325-9521. Liguori Publications, corporación no lucrativa, es un apostolado de los Redentoristas. Para saber más acerca de los Redentoristas visite Redemptorists.com.

LIBROS LIGUORI

Editores de *Jornada de Fe para Niños* 2017: Theresa Nienaber-Panuski and Pat Fosarelli, MD, DMin.

Diseño y producción: Wendy Barnes, John Krus, Lorena Mitre Jimenez, Bill Townsend. Ilustraciones: Jeff Albrecht.

Impreso en los Estados Unidos de América. Tercera edición.

ISBN 978-0-7648-2700-6

90000>

9 780764 827006